Geraldo Lopes

O TERÇO DA MISERICÓRDIA

Dados Internacionais de Catalogação na Publicação (CIP)
(Câmara Brasileira do Livro, SP, Brasil)

Lopes, Geraldo
  O terço da misericórdia / Geraldo Lopes. – São Paulo : Paulinas, 2015.

  ISBN 978-85-356-4034-2

  1. Misericórdia 2. Oração - Cristianismo 3. Terços (Religião) I. Título.

15-09699   CDD-248.29

Índice para catálogo sistemático:
1. Terços : Devoções populares : Cristianismo   248.29

1ª edição – 2015
5ª reimpressão – 2022

Direção-geral: Bernadete Boff
Editores responsáveis: Vera Ivanise Bombonatto / Antonio Francisco Lelo
Copidesque: Ana Cecilia Mari
Coordenação de revisão: Marina Mendonça
Revisão: Sandra Sinzato
Gerente de produção: Felício Calegaro Neto
Projeto gráfico: Irene Asato Ruiz
Capa: O retorno do filho pródigo, Pompeo Batoni, 1773

Nenhuma parte desta obra poderá ser reproduzida ou transmitida por qualquer forma e/ou quaisquer meios (eletrônico ou mecânico, incluindo fotocópia e gravação) ou arquivada em qualquer sistema ou banco de dados sem permissão escrita da Editora. Direitos reservados.

Paulinas

Rua Dona Inácia Uchoa, 62
04110-020 – São Paulo – SP (Brasil)
Tel.: (11) 2125-3500
http://www.paulinas.com.br – editora@paulinas.com.br
Telemarketing e SAC: 0800-7010081

© Pia Sociedade Filhas de São Paulo – São Paulo, 2015

A MISERICÓRDIA

Misericórdia é o sentimento de piedade, de compaixão, despertado pelas dores e pelos sofrimentos de outra pessoa. Essa palavra é formada pelo verbo *miserere* (ter compaixão) e *cordis* (coração), e significa sentir aquilo que o outro sente. É aproximar-se de alguém sendo solidário com sua dor, com seu sentimento, com seu sofrimento. É ter misericórdia, é ter compaixão. Misericórdia é, enfim, qualidade do coração.

O contrário de misericórdia é *picardia*, uma palavra muito usada pelo povo. É dizer que alguém é ruim em seu interior. É maldade, é ação perversa em que há crueldade. É logro, engano, procurar fazer o mal, aldrabar ou iludir. É consideração que enfrenta a reputação de alguém.

A misericórdia é a quinta-essência do amor e da graça de Deus. Falar desta graça é determinar o caminho da salvação e a certeza de chegar ao céu. O pedido pela misericórdia do Senhor é a graça maior que ele pode conceder à criatura humana. A misericórdia divina é o perdão que Deus concede aos pecados, apesar das faltas cometidas pelos pecadores.

O catecismo cristão fala de obras de misericórdia. É bom recordá-las e jamais se esquecer de praticá-las, pois serão a razão de nossa salvação.

"Cristo é a revelação e a encarnação da misericórdia do Pai", disse São João Paulo II. Ele revela e encarna a misericórdia de Deus através da maior obra de misericórdia jamais conhecida pela humanidade, que é a obra de redenção realizada pelo sangue de sua cruz. Com ele Cristo destrói o pecado, que é a raiz de todos os males.

As obras de misericórdia são tradicionalmente divididas em duas categorias, com sete elementos em cada uma. São as *obras de misericórdia corporais*, que dizem respeito às necessidades materiais do outro, e as *obras de misericórdia espirituais*, que secundam as necessidades espirituais dos irmãos e irmãs.

As obras de misericórdia corporais são:
1. dar de comer a quem está com fome;
2. dar de beber a quem está com sede;
3. vestir quem está nu;
4. dar acolhida aos peregrinos;
5. assistir quem está doente;
6. visitar os prisioneiros;
7. sepultar quem já morreu.

As obras de misericórdia espirituais são:
1. dar bom conselho;
2. ensinar os que não sabem;
3. corrigir quem erra;
4. consolar quem está aflito;
5. perdoar as injúrias;
6. sofrer com paciência as fraquezas do nosso próximo;
7. rogar a Deus pelos vivos e defuntos.

Na devoção à Divina Misericórdia, a prática das obras de misericórdia, quer corporais, quer espirituais, é muito importante. Sem a confiança na misericórdia e sem a prática das obras de misericórdia, pedidas por Jesus, não existe uma verdadeira devoção à Divina Misericórdia.

"Por teu intermédio, peço às pessoas o culto à minha Misericórdia. Tu deves, por tua vez, distinguir-te pela confiança na minha Misericórdia. Estou exigindo de ti atos de misericórdia, que devem decorrer do teu amor para comigo... Eu te indico três maneiras de praticar a misericórdia para com o próximo: a primeira é a *ação*, a segunda, a *palavra* e a terceira, a *oração*" (São João Paulo II).

Cada pessoa, dentro de suas possibilidades e dons, pode fazer obras de misericórdia. Para umas, é mais fácil visitar os doentes; para outras, é mais fácil ensinar quem não sabe. Mas, para todos, em algum instante da existência, surgirão momentos de "perdoar as injúrias" e "sofrer com paciência as fraquezas do seu próximo".

"O amor é a flor, e a Misericórdia é o fruto." Todo ato de amor resulta em misericórdia, não há como fugir desta verdade! O menor ato de amor que praticar, terá como resultado a misericórdia.

Praticar obras de misericórdia é amar concretamente a Jesus Cristo nos irmãos e irmãs. Que recompensa há em amar somente as pessoas que nos amam? Por isso, todas as pessoas são incluídas nesta condição. Devemos amar as pessoas que nos perseguem, que nos caluniam, que não gostam de nós. Esses gestos de amor transformarão os corações: primeiro o nosso e, em consequência, o do próximo!

Na devoção à Divina Misericórdia, a prática das obras de misericórdia, quer corporais, quer espirituais, é muito importante, diria mesmo, é fundamental. Sem a confiança na misericórdia e sem a prática das obras de misericórdia, pedidas por Jesus, não existe uma verdadeira devoção à sua misericórdia. O Senhor pede a todas as pessoas o culto de sua misericórdia.

Amar a Deus manifestando-o no amor concreto aos irmãos e irmãs, já que é o único meio possível de amá-lo, como nos ensinou Jesus Cristo, e como também afirma o apóstolo: "Quem diz que ama a Deus e não ama seus irmãos e irmãs é um mentiroso" (cf. 1Jo 4,20).

Queremos, destarte, seguir os passos do Verbo Encarnado. Vindo a terra para nos remir do pecado, compadeceu-se das feridas que o pecado causou em nós. Com efeito, Jesus Cristo passou por este mundo curando os homens e as mulheres de suas misérias físicas e espirituais, dando prova convincente da sua misericórdia e do seu amor pelo Pai.

Resumindo qual deve ser o nosso espírito na prática das obras de misericórdia *corporais*, recordamos a advertência de Madre Teresa de Calcutá: "Não estamos aqui pelo trabalho. Estamos por Jesus. Antes de tudo somos religiosas. Nós não somos assistentes sociais, professoras, enfermeiras ou médicas. Servimos Jesus nos pobres. Tudo isto que fazemos é por ele. Nossa vida não tem outro sentido. Esta é a única coisa que nem todos compreendem. Servimos Jesus 24 horas por dia e ele nos dá força. Nós o amamos nos pobres e aos pobres com ele, mas o Senhor está sempre em primeiro lugar".

CONSIDERAÇÕES GERAIS SOBRE O TERÇO

O santo rosário compreende a meditação recitada dos vinte mistérios da fé católica, divididos em grupos de cinco, sendo cada um deles chamado de *terço*. Por eles, a pessoa fiel estuda e medita profundamente a Bíblia, uma vez que reflete sobre os principais mistérios da fé. Foi São João Paulo II quem instituiu novas meditações. Atualmente, os mistérios do santo rosário são: gozosos, dolorosos, gloriosos e luminosos.

Mistérios da alegria
(gozosos – segundas-feiras e sábados)

1º Mistério: A anunciação do anjo a Nossa Senhora (Lc 1,26-38).

2º Mistério: A visitação de Nossa Senhora a Santa Isabel (Lc 1,39-56).

3º Mistério: O nascimento de Jesus na gruta de Belém (Lc 2,1-20).

4º Mistério: A apresentação do Menino Jesus no Templo (Lc 2,22-38).

5º Mistério: O encontro do Menino Jesus no Templo, entre os doutores (Lc 2,41-50).

Mistérios da dor
(dolorosos – terças e sextas-feiras)

1º Mistério: A oração e agonia de Jesus no jardim das Oliveiras (Mt 26,36-46).

2º Mistério: A flagelação de Nosso Senhor Jesus Cristo à coluna (Mt 27,24-26).

3º Mistério: A coroação de espinhos (Mt 27,27-31).

4º Mistério: O caminho do Calvário e o encontro com sua mãe (Lc 23,26-32).

5º Mistério: A crucificação e morte de Jesus na cruz (Jo 19,17-30).

Mistérios da glória
(gloriosos – quartas-feiras e domingos)

1º Mistério: A ressurreição de Jesus Cristo (Mt 28,1-10).

2º Mistério: A ascensão de Jesus ao céu (At 1,6-11).

3º Mistério: A descida do Espírito Santo sobre os apóstolos reunidos no Cenáculo com Maria, a Mãe de Jesus (At 1,12-14 e 2,1-4).

4º Mistério: A assunção de Maria ao céu em corpo e alma (1Cor 15,12-23).

5º Mistério: A coroação de Maria, Rainha do céu e da terra (Ap 12,1-17).

Mistérios da luz
(luminosos – quintas-feiras)

1º Mistério: O Batismo de Jesus
no rio Jordão
(Mt 3,13-17).

2º Mistério: A revelação de Jesus
nas Bodas de Caná
(Jo 2,1-11).

3º Mistério: A pregação do Reino de Deus.
O convite à conversão
(Mt 4,12-17.23).

4º Mistério: A transfiguração de Jesus
no monte Tabor
(Lc 9,28-36).

5º Mistério: A última ceia e a instituição
da Eucaristia (Lc 22,14-20).

O TERÇO DIÁRIO

Rezar o terço diariamente nos fortalece na fé em Deus-Pai, em Jesus Cristo, no Espírito Santo e na Santa Virgem Maria, sempre tão presentes em nossa vida. Para a récita do terço, utiliza-se um instrumento denominado *terço*, exatamente por conter as bolinhas (ou contas) necessárias para contar as orações recitadas. Muitas são as formas que o terço assume... pode-se mesmo, na falta deste, utilizar-se dos dez dedos da mão.

A cruz no rosário representa nossa profissão de fé e é usada para iniciar o terço: segure a cruz e reze o Creio. A primeira grande conta e as três pequenas seguintes são usadas para rezar um Pai-Nosso e três Ave-Marias, na intenção de invocar a Santíssima Trindade em nossa vida. Na sequência reze um Glória (não considerado nas contas) e um Pai-Nosso.

Inicia-se, então, a citação dos santos mistérios do rosário, conforme os dias da semana: às segundas-feiras e sábados são citados os mistérios gozosos; às terças e sextas-feiras, os mistérios dolorosos; às quartas-feiras e domingos, os mistérios gloriosos; às quintas-feiras, os mistérios luminosos.

Faz-se a citação do primeiro mistério, meditando sobre o fundamento dele, e utiliza-se a próxima grande conta isolada para acompanhar o Pai-Nosso, em saudação a Jesus. Já as dez contas pequenas agrupadas em seguida são usadas para auxiliar na contagem das dez Ave-Marias, em saudação a Virgem Maria.

Após a décima Ave-Maria, reza-se o Glória e a jaculatória, que pode ser a oração de Nossa Senhora de Fátima, pedindo a redenção e a salvação das pessoas: "Ó meu Jesus, perdoai-nos, livrai-nos do fogo do inferno, levai as almas todas para o céu e socorrei principalmente as que mais precisarem da vossa misericórdia".

Repete-se a mesma sequência para cada mistério contemplado até o final.

Encerra-se o terço com a oração de agradecimento, a Salve-Rainha. Pode-se rezar a Ladainha de Nossa Senhora, a Consagração a ela e encerra-se com o sinal da cruz.

O mais importante de tudo é que a oração das dez Ave-Maria seja feita com muita fé e humildade, saudando nossa Santa Mãe e tendo em mente a meditação do que prega o mistério anunciado.

Cada Ave-Maria rezada é uma rosa que a pessoa cristã deposita aos pés da Virgem Maria!

A meditação faz com que nossa fé e nossa confiança em Jesus e Maria sejam aumentadas, dando-nos a certeza da sua sagrada presença. "Onde uma ou mais pessoas estiverem reunidas em meu nome, *aí estarei eu no meio* delas!" (cf. Mt 18,20), esta afirmação é do próprio Jesus.

"Maria é a estrela da nova evangelização", é o que afirmam com frequência os Santos Padres. Basta começar a rezar o terço, que uma chuva de graças envolve a pessoa, a esperança renasce, os problemas mais difíceis se resolvem, quase por si, e a paz volta a reinar nos corações. É assim, com suavidade maternal, que Maria conduz os seus devotos até Jesus.

Aqueles que oram o terço ou rosário diariamente passeiam pela verdade bíblica, vivem do Novo Testamento contido em uma oração, que nos mostra a nossa redenção e salvação.

O terço não é uma oração repetitiva; é mais que uma devoção, é um caminho que nos mostra a porta de entrada para a salvação: *Jesus*.

A PROPOSTA DE UM TERÇO DE JACULATÓRIAS

As jaculatórias são um tipo de oração que têm grande semelhança com o modo como nos relacionamos com as pessoas que amamos. Normalmente, as pessoas manifestam seus sentimentos de várias formas, pronunciando palavras que brotam do amor, da intimidade. Neste rol se incluem também as conversas e os diálogos. Uma outra forma é através das frases curtas de amor: "Eu te amo!", "Você é tudo para mim!", "Você é a pessoa mais linda que existe!" etc.

Também podemos dirigir-nos a Deus assim, e cada uma das formas usadas para isso corresponderá a um tipo de oração. A primeira delas é a espontânea, em que se incluem a conversa, o diálogo entre duas pessoas que se amam e, mais concretamente, com Deus: é a *oração mental*.

A segunda, feita de palavras, é a *oração vocal*. São orações como Pai-Nosso, Ave-Maria, Glória, Salve-Rainha, Santo Anjo do Senhor etc.

A terceira é feita por meio de frases curtas de amor, que são precisamente as *jaculatórias*. Alguns exemplos de jaculatórias são: "Jesus, eu te amo!", "Doce coração de Jesus, sede o meu amor!", "Meu Deus e meu tudo!" etc.

A palavra jaculatória vem do latim *iacula* e significa "flecha". De fato, este é o sentido da jaculatória: *ser uma flecha de amor dirigida a Deus*.

Eis alguns exemplos destas jaculatórias:
- Coração sacratíssimo e misericordioso de Jesus, dai-nos a paz!
- Senhor, abandono-me em ti, confio em ti, descanso em ti!
- Creio mais do que se te visse com os meus olhos, mais do que se te escutasse com os meus ouvidos, mais do que se te tocasse com as minhas mãos.
- Faça-se em mim segundo a vossa vontade.
- Jesus, manso e humilde de coração, fazei o meu coração semelhante ao vosso.
- Sagrado Coração de Jesus, dai-nos a paz.
- Doce coração de Jesus, sede o meu amor.

- Doce coração de Maria, sede a minha salvação.
- Meu Deus, eu vos amo, mas ensinai-me a amar.

Ao sentirmos necessidade de uma intercessão mais frequente e incessante pelas necessidades de nosso espírito, foi criado o terço de invocação à Santíssima Trindade. Deve ser rezado diariamente no final do dia, sendo composto de Pai-Nossos e Glórias. Após as invocações, anunciamos os mistérios. Rezamos dez invocações a cada pessoa da Trindade em cada mistério. Em se tratando do terço, uma oração eminentemente mariana, no último mistério, invocamos o principal título mariano da Igreja Antiga: o de *Mãe de Deus*.

1º Mistério

Contemplamos o projeto trinitário da salvação da humanidade.

Rezamos o Pai-Nosso, dez vezes a jaculatória: "Santíssima Trindade, misericórdia". Após as dez invocações, rezamos o Glória, seguido da invocação, adaptada: "Santíssima Trindade, eu vos adoro, em vós espero e eu vos amo. Peço-vos perdão pelas pessoas que não vos adoram, *em* vós não esperam e não vos amam".

2º Mistério

Contemplamos o projeto do Pai Eterno na criação do universo e da vida.

Rezamos o Pai-Nosso, dez vezes a jaculatória: "Deus-Pai criador, misericórdia". Após as dez invocações, rezamos o

Glória, com da invocação: "Santíssima Trindade, eu vos adoro, em vós espero e eu vos amo. Peço-vos perdão pelas pessoas que não vos adoram, em vós não esperam e não vos amam".

3º Mistério

Contemplamos a ação de Jesus Cristo na obra da redenção da humanidade.

Rezamos o Pai-Nosso, dez vezes a jaculatória: "Deus-Filho Redentor, misericórdia". Após as dez invocações, rezamos o Glória, seguido da invocação: "Santíssima Trindade, eu vos adoro, em vós espero e eu vos amo. Peço-vos perdão pelas pessoas que não vos adoram, em vós não esperam e não vos amam".

4º Mistério

Contemplamos a ação do Espírito Santo na santificação da humanidade e da Igreja.

Rezamos o Pai-Nosso, dez vezes a jaculatória: "Deus-Espírito Santo-Santificador, misericórdia". Após as dez invocações, rezamos o Glória, seguido da invocação: "Santíssima Trindade, eu vos adoro, em vós espero e eu vos amo. Peço-vos perdão pelas pessoas que não vos adoram, em vós não esperam e não vos amam".

5º Mistério

Contemplamos o papel de Maria Santíssima no projeto trinitário da salvação.

Rezamos o Pai-Nosso, dez vezes a jaculatória: "Santa Maria, Mãe de Deus, misericórdia". Após as dez invocações, rezamos o

Glória, seguido da invocação: "Santíssima Trindade, eu vos adoro, em vós espero e eu vos amo. Peço-vos perdão pelas pessoas que não vos adoram, em vós não esperam e não vos amam".

Sugere-se encerrar com a Oração Cristã com a Criação, composta pelo Papa Francisco no final da encíclica *Laudato si'*.

Nós vos louvamos, Pai,
com todas as vossas criaturas,
que saíram da vossa mão poderosa.
São vossas e estão repletas da vossa presença
e da vossa ternura.
Louvado sejais!
Filho de Deus, Jesus,
por vós foram criadas todas as coisas.
Fostes formado no seio materno de Maria,
fizestes parte desta terra,
e contemplastes este mundo
com olhos humanos.

Hoje estais vivo em cada criatura
com a vossa glória de ressuscitado.
Louvado sejais!
Espírito Santo, que, com a vossa luz,
guiais este mundo para o amor do Pai
e acompanhais o gemido da criação,
vós viveis também nos nossos corações,
a fim de nos impelir para o bem.
Louvado sejais!
Senhor Deus, Uno e Trino,
comunidade estupenda de amor infinito,
ensinai-nos a contemplar-vos
na beleza do universo,
onde tudo nos fala de vós.
Despertai o nosso louvor e a nossa gratidão
por cada ser que criastes.
Dai-nos a graça de nos sentirmos
intimamente unidos
a tudo o que existe.
Deus de amor,
mostrai-nos o nosso lugar neste mundo
como instrumentos do vosso carinho

por todos os seres desta terra,
porque nem um deles sequer
é esquecido por vós.
Iluminai os donos do poder e do dinheiro
para que não caiam no pecado da indiferença,
amem o bem comum, promovam os fracos
e cuidem deste mundo que habitamos.
Os pobres e a terra estão bradando:
Senhor, tomai-nos
sob o vosso poder e a vossa luz,
para proteger cada vida,
para preparar um futuro melhor,
para que venha o vosso Reino
de justiça, paz, amor e beleza.
Louvado sejais!
Amém.

Rua Dona Inácia Uchoa, 62
04110-020 – São Paulo – SP (Brasil)
Tel.: (11) 2125-3500
http://www.paulinas.com.br – editora@paulinas.com.br
Telemarketing e SAC: 0800-7010081